LA LOTERIE

JUGE ET PARTIE

DANS SA PROPRE CAUSE, ET DANS CELLE DE SES AGENS;

ou

QUI VOUDRA S'Y FIER?

LA LOTERIE

JUGE ET PARTIE

DANS SA PROPRE CAUSE, ET DANS CELLE DE SES AGENS;

OU

QUI VOUDRA S'Y FIER?

Tous ces jeux de hasard n'amènent rien de bon.
REGNARD.

PARIS.

IMPRIMERIE D'AUGUSTE BARTHÉLEMY,

RUE DES GRANDS-AUGUSTINS, N° 10.

1826.

PRÉCIS

Pour Madame veuve DE CRETEAU, appelante ;

Contre le sieur GARNIER, Receveur de la Loterie au Palais-Royal, galerie vîtrée, n° 72.

QUE celui qui a la faiblesse de se commettre à un jeu quelconque, ait contre lui les chances du hasard et les caprices de la fortune, c'est une condition qu'il accepte, et certes, c'en est bien assez. Mais qu'il soit encore victime et des fautes, et même des fraudes de ceux contre lesquels il joue ; que ce soient eux qui en profitent à son détriment ; voilà ce que réprouve la triple autorité de la raison, de la justice et de la loi. C'est pourtant là ce que prétend l'administration de la loterie, pour elle et pour ses agens.

Elle veut plus : comme ces maximes ne sont pas celles des Cours et des Tribunaux, et qu'elles ne pourraient guère trouver faveur auprès des magistrats accoutumés à des principes plus austères , elle revendique le privilége de se juger elle-même, et d'étendre cette juridiction protectrice jusque sur ses agens.

Si la loi autorise des prétentions aussi exorbitantes du droit commun , il faudra bien s'y soumettre. Mais il sera bon que le fait soit notoire, et que de toutes parts des réclamations s'élèvent contre une telle monstruosité. Ce sera une arme de plus donnée à ces voix vertueuses qui, chaque année, font parler les droits de la religion et de la morale contre le scandaleux fléau des jeux publics et de la loterie.

Que si au contraire, ainsi que nous espérons le démontrer, la juridiction que la loterie prétend s'attribuer ne lui appartient pas ; si les fautes ou les fraudes de ses agens sont de la compétence des tribunaux ordinaires, la législation sera affranchie d'une tache qu'on veut lui imprimer, et justice sera rendue à Mme de Greteau, qu'on ne veut pas payer.

FAITS.

Madame de Greteau (il faut bien en convenir, et d'ailleurs ce n'est qu'une faiblesse, et non un crime) était du nombre, malheureusement trop considérable, de ceux qui placent quelque espérance sur ce que messieurs de la loterie appellent la *roue de fortune* ; nom parfaitement imaginé, s'il a pour objet d'exprimer les bénéfices énormes que cette roue procure à l'administration ; mais qu'il faudrait échanger contre le nom de *roue de misère*, si l'on voulait donner une idée des effets désastreux produits par un jeu qui va surtout chercher ses victimes dans les classes peu fortunées de la société, et qui dévore leur substance, ainsi que celle de leur famille.

L'inconstante déesse avait toujours été sourde aux appels de madame de Greteau ; les numéros espérés n'étaient jamais ceux qui sortaient de la fatale roue : c'est assez généralement l'histoire de ceux qui jouent à la loterie.

Mais l'expérience ne corrige pas toujours, et madame de Greteau n'était point encore désabusée par les échecs qu'elle avait éprouvés ; elle se disait comme le héros de Minturnes :

Voyons si le malheur est plus constant que nous.

Il y a, dans la vie, de ces inspirations dont on ne saurait se rendre compte, des pronostics qui semblent un conseil venu du ciel pour suppléer à notre ignorance de l'avenir.

( )

Or, cette voix intérieure parle quelquefois à ceux qui comptent sur la *roue de fortune*. Un songe donne à celui-ci l'indication des heureux numéros qui doivent combler ses vœux ; celui-là les trouve dans la date de quelques événemens remarquables ; un troisième les prend dans certaines époques de la vie d'une personne qu'il aime, ou qui occupe la voix de la renommée.... Cette dernière hypothèse s'est réalisée pour madame de Greteau.

A la fin de l'année 1825, la France perdit le général Foy !....

La sculpture, le burin, la lithographie s'empressèrent de reproduire les traits animés de l'illustre orateur ; on les grava sur le bronze, conservateur plus durable de l'image des grands hommes... c'était un hommage rendu au génie de l'éloquence par le génie des beaux-arts.

Une médaille, portant la noble effigie, tomba dans les mains de madame de Greteau. On lisait sur le revers l'inscription suivante : « Né à Ham, département de la Somme, *le 3 février* 1775, mort à Paris, *le 28 novembre* 1825. »

Madame de Greteau espère que la fortune, qui a jeté tant d'éclat sur la belle carrière du général, s'attachera aux époques qui en ont marqué le commencement et la fin. Elle prend donc, dans le mois et dans l'année de sa naissance, dans le mois et dans l'année de sa mort, quatre numéros, sur lesquels elle fait, pour le tirage de Lyon du 29 janvier 1826, une modeste mise de 10 francs; savoir : 5 fr. pour un quaterne, et 5 fr. pour quatre ternes à 1 fr. 25 c.

Les numéros choisis sont 3, 15, 28 et 18. On voit sur-le-champ, et par leur ordre même, de quelle manière le choix en a été fait dans les dates ci-dessus énoncées.

Le 3, qui forme le premier chiffre choisi, est le quantième du mois de février dans lequel le général est né; le 15 est pris dans le nombre 1775, qui est celui de l'année où cette naissance a eu lieu. — De même les numéros 28 et 18 sont pris dans la date du mois et de l'année du décès, 28 novembre 1825. — Cela est évident.

Le billet délivré par le buraliste *Garnier*, porte en effet cet ordre de numéros bien exactement écrits : 3, 15, 18, 28.

Il fut gardé précieusement, et le jour du tirage impatiemment attendu.

Enfin ce jour arriva; sur les cinq numéros sortis se trouvaient les numéros 3, 15, et 28! Madame de Greteau a gagné un terne!

Elle croit que la loterie, qui jusque-là avait profité très-soigneusement de ses mises, ne sera pas moins exacte à lui payer le lot qu'elle a gagné ; elle se présente , et réclame les 6,805 francs qui lui sont dus (1)... Mais, à son grand étonnement, sa demande est accueillie par un refus.

On lui oppose que la souche, c'est-à-dire, le registre du buraliste déposé à l'administration, ne porte pas les mêmes numéros que le billet délivré. Au lieu de 3, 15, 28, 18, ce registre porte 3, 25, 28, 18. Ainsi, pas de terne.

Dès-lors grande désolation, comme on peut le croire, moins encore pour la somme que pour le désagrément de voir échapper une victoire à laquelle la rareté donnait plus de prix ; car c'était la première fois de sa vie que madame de Greteau avait gagné un terne ; ce sera probablement la dernière ; et ce terne, sorti une fois par hasard, va lui échapper !

Toutefois il faut le reconnaître : l'administration était fondée dans sa fin de non-recevoir. L'article 6 de l'arrêté du directoire exécutif, du 17 vendémiaire an VI, sur l'organisation de la loterie, porte que : « dans le cas de différence entre le registre et le billet, l'action-

---

(1) Le terne doit payer cinq mille cinq cents fois la mise. (Art. 5 de l'arrêté du directoire, du 17 vendémiaire an VI.

naire ne pourra prétendre qu'au remboursement de sa mise. » Et cette disposition est
juste en soi. Car s'il en était autrement, et que
les billets dussent prévaloir sur la souche, un
buraliste de mauvaise foi pourrait laisser en
blanc des billets, qu'il remplirait ensuite des
numéros sortis lors du tirage. On a dû mettre
l'administration à l'abri de cette fraude.

Mais le public jouant a bien aussi droit à
quelque protection ; et s'il n'est ni juste, ni
convenable de livrer l'administration à la dis-
crétion de ses buralistes, qu'elle peut choisir
et surveiller, il y aurait encore moins de con-
venance et de justice à mettre à la merci de ces
employés, le public, qui n'a sur eux aucun pou-
voir.

Laissant donc l'administration se retrancher
derrière l'article 6 de l'arrêté du directoire,
madame de Greteau dut s'adresser au buraliste,
par le fait duquel elle se voyait privée de son
gain.

Il ne semblait pas que cette demande dût
souffrir la moindre difficulté. Car si les lois
relatives à la loterie sont muettes sur ce point,
les principes du droit commun auxquels aucune disposition particulière ne déroge, y ont
pourvu.

Ainsi, l'article 1382 du Code civil proclame cette règle, que la raison toute seule et l'équité nous révèlent : « TOUT FAIT *quelconque de l'homme qui cause à autrui un dommage*, OBLIGE *celui par la faute duquel il est arrivé*, A LE RÉPARER. »

L'article 1383 ajoute : « *Chacun* est *responsable* du dommage qu'il a causé, non-seulement par son fait, *mais encore par sa négligence ou par son imprudence.* »

Or, par le fait de qui madame de Greteau se trouve-t-elle privée du bénéfice qu'elle aurait eu droit de réclamer pour son terne? N'est-ce point par celui du sieur Garnier, qui n'a pas porté sur le registre-souche les numéros demandés et transcrits sur le billet? Admettons qu'il n'y ait eu aucune fraude de sa part; nous voulons le croire. N'y a-t-il pas eu du moins négligence, imprudence, faute enfin? Dès-lors cette faute ne doit-elle pas retomber sur lui? N'est-ce pas lui seul qui doit souffrir de son imprudence et de sa négligence? Serait-il juste d'en reporter les effets sur un autre?

Eh! qu'on considère le danger qu'il y aurait à consacrer l'impunité du buraliste dans ce cas, surtout alors que l'administration, de son côté, est affranchie de toute responsabilité!.. Il suffirait d'un buraliste infidèle pour être sûr que l'administration ne perdrait jamais. Il n'aurait qu'à transcrire inexactement sur la souche les numéros du billet. Alors de deux choses l'une : ou les numéros du billet ne sortiront point, et l'actionnaire ne réclamera rien ; ou ils sortiront , et on le repoussera avec la souche , sans qu'il puisse réclamer contre qui que ce soit. Quel système ! Où est la légitimité d'un jeu dans lequel l'un des joueurs est à la merci de l'autre ?

Sans doute , on dira que les personnes auxquelles est confiée l'administration de la loterie, sont trop honnêtes pour faire ou tolérer de pareilles fraudes. Nous aimons à le penser : nous sommes profondément convaincus de la justice et de la moralité de tout ce qui tient à la loterie. Mais les lois ne sont-elles pas, ne doivent-elles pas être faites en défiance des hommes qui changent et sont sujets à foiblesse ? Il ne suffit pas qu'une fraude ne soit pas probable ; la loi a pour objet de la rendre impossible.

Et puis, nous ne saurions trop le redire, la fraude même écartée, il peut y avoir faute involontaire , négligence, imprudence. Or, la faute seule est le principe d'une responsabilité civile : la raison l'indique , la loi le déclare.

Ici la faute n'est pas de l'administration ; que l'administration soit mise de côté.

Mais elle est au buraliste ; il faut donc que le buraliste la répare.

Non, dit M. Garnier ; non, répète l'administration avec lui et pour lui ; la souche est censée écrite la première, et par conséquent elle est réputée être l'expression du vœu de l'actionnaire ; s'il y a une erreur, on doit croire que c'est sur le billet, et non sur la minute, dont il n'est que l'expédition. Donc on doit croire que les numéros demandés par madame de Greteau sont ceux portés sur la souche.

Que la souche soit écrite la première ou la seconde, qu'importe ? Est-ce la souche que les actionnaires consultent en faisant leur mise ? Non : c'est leur billet. Quand le buraliste le leur donne en échange des fonds aventurés, ils le regardent avec soin ; ils vérifient si ce sont là les numéros sur lesquels ils fondent leur espoir, ces numéros, qui sont le résultat d'un vaste calcul sur les numéros précédemment sortis, ou qui leur ont été révélés par une inspiration qu'ils croient venue du ciel. Cent fois avant le jour du tirage ils les relisent. C'est pour eux un feuillet du livre des destins : une partie de leur avenir y est écrite. S'il y avait une erreur, ils la verraient, elle serait incontinent rectifiée. Il n'est donc pas exact de dire que la souche, et non le billet, doive être présumée l'expression vraie du vœu de l'actionnaire. Vis-à-vis de l'administration, il en est ainsi pour les motifs que nous avons donnés ci-dessus ; mais, vis-à-vis du buraliste, et dans la réalité, c'est la présomption contraire qui doit prévaloir. Et il est évident, dans l'espèce, que si le billet délivré à madame de Greteau n'eût pas porté les vrais numéros que cette dame avait demandés, et dont elle avait pris l'indication sur la médaille frappée en l'honneur du général Foy, elle s'en fût aperçue, et eût demandé la rectification du billet.

Cependant, M. Garnier ose soutenir le contraire ; car il est aussi récalcitrant en fait qu'en droit ; et de son côté, l'administration, qui se montre disposée à accueillir toutes les excuses, trouve sa raison péremptoire : on va voir que l'administration n'est pas difficile à convaincre.

Nous copions l'explication du sieur Garnier, telle qu'elle se trouve dans un arrêté de cette administration, qui, d'ailleurs, n'était pas appelée à juger M. Garnier, comme nous l'établirons tout-à-l'heure.

« La présomption que la dame de Greteau

était bien dans l'intention de jouer les numéros 3, 15, 28, 18, se trouve encore fortifiée par cette circonstance, qu'ils sont tirés d'un portrait lithographié du général Foy, qui a servi, vers la même époque, de base à un grand nombre de mises ; lequel portrait donne, par l'indication de la naissance (3 février), de la mort (28 novembre), et le millésime 1825, les quatre numéros de la mise de la dame de Greteau, telle qu'elle est portée sur les souches. »

Mais, comment l'honorable aréopage de la loterie n'a-t-il pas vu, dans cette explication, la condamnation même du sieur Garnier?

Il convient que les dates de la naissance et de la mort du général Foy ont fourni les quatre numéros choisis par madame de Greteau. Or, ces dates sont, comme il a été dit, pour la naissance, le 3 février 1775, et pour le décès, le 28 novembre 1825.

D'après cette donnée, il est aisé de voir que les numéros demandés ont dû être ceux du billet, c'est-à-dire, 3, 15, 28 et 18. Le 3 est le quantième du mois de février ; le 15 est pris dans le millésime 1775 ; le 28 est la date du mois de novembre ; et 18, vient du millésime 1825. Par eux-mêmes, et surtout par leur ordre, ces numéros offrent une analogie frappante avec ceux dont ils sont extraits. Madame de Greteau a donc pour elle, et son billet, et la vraisemblance du fait.

L'allégation du sieur Garnier, au contraire, outre qu'elle est démentie par le billet qui porte sa signature, est d'une invraisemblance qui ne permet pas de l'accueillir.

En effet, les numéros demandés auraient été, suivant lui, 3, 25, 28, 18; le premier et le troisième auraient été pris dans les quantièmes de février et de novembre; les quatrième et deuxième dans le millésime 1825; le nombre 1775 aurait été mis entièrement en oubli.

Mais, d'abord, une remarque se présente : madame de Greteau voulait prendre quatre numéros, et elle avait quatre nombres desquels elle voulait les extraire. Il est donc à présumer qu'elle aura pris un numéro dans chacun de ces nombres, au lieu d'en laisser un de côté, et de prendre deux numéros dans un autre.

En second lieu, si le petit calcul imaginé par M. Garnier pour expliquer sa bévue, eût été vrai, c'est-à-dire, si la pensée de madame de Greteau eût été, en omettant l'année de la naissance 1775, de prendre d'abord les deux chiffres du mois de février et de novembre, 3, et 28, et puis les deux parties du millésime 1825 décomposé, 18 et 25, les numéros eussent été autrement disposés qu'il ne le prétend, et au lieu de 3, 25, 28 et 18, on aurait pris 3 et 28, 18 et 25. On ne s'expliquerait point la dislocation qui, séparant le numéro 25 du numéro 18 qui appartenait au même millésime, aurait reporté ce numéro entre le 3 et le 28, quantièmes des deux mois de naissance et de décès.

Au contraire on s'explique à merveille que madame de Greteau prenant par ordre dans les mois et années de naissance et de décès, les chiffres 3, 15, 28, 18, M. Garnier, en transcrivant les numéros sur son registre-souche, ait mis, au second chiffre, 25 au lieu de 15. C'était une erreur facile à commettre pour peu que l'on fût inattentif, et cette facilité peut laver M. Garnier du reproche de mauvaise foi : mais, nous l'avons prouvé, l'erreur seule et le défaut d'attention, abstraction faite de toute fraude, sont une cause de responsabilité quand il en est résulté un préjudice pour des tiers. La faute commise ne peut nuire qu'à celui qui en est l'auteur, même en matière de loterie !

Cependant M. Garnier conteste encore ce point, et voici son motif.

L'article 6 du directoire exécutif porte que : « les actionnaires auront le plus grand soin de s'assurer de l'exactitude de leurs mises avec le registre.» Vous deviez, dit-il, obéir à cette recommandation, et m'empêcher de commettre une bévue. Si vous ne l'avez pas fait, tant pis pour vous; ma bévue reste pour votre compte.

Mais qui ne voit au premier coup-d'œil le vice d'un pareil raisonnement?

Qu'y a-t-il dans cette phrase que les membres du directoire exécutif auraient pu toutefois rendre un peu plus française ? —un conseil, et un conseil très-prudent, surtout si l'administration a beaucoup de buralistes comme M. Garnier. Mais il ne s'ensuit pas que le buraliste, qui ne reporte pas exactement sur le registre les numéros inscrits sur le billet, soit exempt de toute responsabilité.

D'ailleurs cette recommandation est-elle bien connue de ceux qui mettent à la loterie ? messieurs les buralistes ont-ils soin de la rappeler à ceux qui viennent chez eux ? provoquent-ils cette vérification ? le sieur Garnier a-t-il eu ce soin avec madame de Greteau ? nullement. Il n'a pas vérifié lui-même ! car il ne pourrait dire qu'il a vérifié, qu'en convenant qu'il est de mauvaise foi.

Il est vrai, du moins à ce que dit M. Garnier, que l'arrêté du 17 vendémiaire an VI est, ou doit être, ainsi que les autres réglemens, affichés dans les bureaux, comme les consignes générales le sont dans les corps-de-garde.

Mais le malheureux qui, poussé par une aveugle espérance, va livrer à la loterie l'argent qu'attend peut-être sa famille pour acheter du pain, s'amuse-t-il, tout préoccupé qu'il est des chiffres dans lesquels il espère, à lire les pancartes qui tapissent les murs de messieurs les buralistes? le peut-il d'ailleurs? les gens qui jouent à la loterie, ne sont-ils pas le plus souvent des gens illétrés? leur donne-t-on lecture de ces réglemens, avant de recevoir leur mise? et quand on leur ferait connaître l'article invoqué par M. Garnier, pourraient-ils, s'ils ne savent pas lire, vérifier le registre par eux-mêmes?

Qu'on cesse donc, pour mettre à couvert la responsabilité du buraliste, de se prévaloir de l'arrêté qui recommande aux actionnaires de vérifier par eux-mêmes l'inscription de leurs numéros sur le registre-souche, ou qu'on exclue ceux qui ne savent pas lire. Dans ce dernier cas, du moins, on devra quelque reconnaissance à l'administration de la loterie, pour avoir limité les ravages d'un jeu contre lequel les classes éclairées de la société sont facilement prémunies, mais qui porte surtout parmi les gens illétrés, la ruine, la misère, et la dépravation.

Il est au surplus un usage introduit, ou, si l'on veut, toléré par l'administration, qui démontre la nécessité de laisser peser une responsabilité sur le buraliste, et prouve que l'actionnaire n'est pas tenu de faire par lui-même la vérification des registres.

Qui n'a pas entendu dans les rues, ou les endroits publics les plus fréquentés, ces crieurs à gages, qui, pour tenter les passans, les poursuivent de cette formule accoutumée : *Dix mille francs pour vingt sous* ?

La proposition est séduisante, et le placement avantageux !

Le jeune homme dont l'imagination ardente s'ouvre facilement à l'espérance, l'homme simple qui débarque de sa province , souvent même le citadin plus défiant et mieux prémuni contre les pièges, se laissent prendre à la tentation. Le billet est accepté ; le tirage arrive; ces numéros sortiront une fois sur mille !....... mais cette fois encore, si le buraliste, par infidélité calculée, ou par erreur involontaire, a transcrit d'une manière inexacte les numéros sur le registre, on dira à celui qui aura acheté le billet dans la rue Saint-Honoré ou au Palais-

Royal : il fallait visiter la souche ! n'est-ce pas une véritable dérision ?

Redisons-le donc : l'article 6 qu'on invoque ne renferme qu'un conseil.

Cet article d'ailleurs en explique l'objet ainsi que la conséquence de son inobservation. « Les actionnaires, y est-il dit, auront le plus grand soin de s'assurer de l'exactitude de leur mise avec le registre ; et, dans le cas de différence entre le registre et le billet, l'actionnaire ne pourra prétendre qu'au remboursement de sa mise, bien entendu toutefois que ce billet n'aura été ni contrefait, ni falsifié, ou les numéros surchargés. »

Nous avons nous-même rendu hommage à la justice de cette disposition : l'administration ne peut, ne doit connaître que le registre-souche ; sans cela, elle serait à la merci de ses buralistes ; mais cela n'est dit qu'à l'encontre de l'administration. Lorsqu'il y aura différence entre la souche et le billet, on ne pourra exiger le lot gagné par le billet non conforme à la souche, mais seulement la mise ; et voilà pourquoi on prévient l'actionnaire de veiller à ce que l'un soit la copie exacte de l'autre ; tel est le sens de l'article dont il s'agit.

Mais, dit le sieur Garnier, après avoir décidé

que l'actionnaire ne pourra prétendre qu'au remboursement de sa mise , le législateur ajoute : « *le remboursement aura lieu des deniers du receveur.* » Donc le receveur ne doit que cela.

Vrai sophisme !

Ici encore il est évident que la loi parle uniquement dans l'intérêt de l'administration : elle ne s'occupe pas d'autre chose. Lors donc qu'elle a dit que l'actionnaire ne pourrait répéter que sa mise , il fallait bien déterminer par qui se ferait la restitution. Serait-ce par l'administration à qui la mise était acquise ? non ; mais par le buraliste qui seule était en faute : voilà ce que dit la loi.

Du reste , elle ne s'explique pas sur les actions que peut avoir à exercer l'actionnaire contre le buraliste , c'est une guerre privée qu'elle laisse sous l'empire des principes du droit commun ; s'il apparaît que le buraliste ait commis quelque faute , il en est responsable ; au cas contraire il ne le sera pas. C'est une question de fait abandonnée à l'appréciation des tribunaux, et régie par les règles ordinaires.

Par là, les buralistes deviendront plus soigneux , la crainte de voir leur responsabilité compromise , les intéressera à la régularité de leurs écritures , et le public y trouvera du moins une garantie. Mais si on les affranchit de tout

recours, si on leur donne un brevet d'impunité, ils montreront peu de souci pour des irrégularités qui, dans aucun cas, ne pourront leur
nuire, et serviront leur administration qui s'en
montrera reconnaissante en les protégeant comme elle le fait à l'égard du sieur Garnier. En
sorte que ceux qui se commettront à la loterie,
auront tout à-la-fois contre eux, et les chances
du jeu, et les négligences et les fraudes des receveurs, sans aucun recours, ni contre l'administration, ni même contre un receveur négligeant
ou pervers.

Le sieur Garnier a senti la force de ces principes, il a compris qu'ils frapperaient la raison
éclairée des magistrats ; aussi a-t-il demandé à
se réfugier sous l'aile tutélaire de son administration, et, récusant la compétence du tribunal
de la Seine, il a prétendu que Messieurs de la
loterie devaient seuls prononcer sur la demande
formée contre lui ; ils avaient déjà exprimé leur
opinion en sa faveur !

Telle est la prétention sur laquelle il s'agit de
statuer aujourd'hui.

Les demandes formées contre les receveurs de la loterie, pour obtenir la réparation d'un préjudice que les actionnaires auraient éprouvé par leur faute, sont-elles du ressort des tribunaux, ou du ressort de l'administration ?

On sait qu'en France, l'administration se défie, dans les affaires où elle est intéressée, des tribunaux ordinaires ; leur indépendance et leur attachement aux principes de la justice et de la loi lui sont suspects ; elle veut toujours ou presque toujours être *juge et partie* dans sa propre cause : de là les conflits et autres calamités administratives !

Cet état de choses est déplorable ; mais dans les cas où la législation le consacre, le devoir de tout citoyen est de s'y soumettre, jusqu'à ce qu'il y ait été législativement dérogé.

Seulement on conviendra que les dispositions qui arrachent les citoyens à leurs juges naturels, en les soumettant à un tribunal d'exception, et, bien plus, à un tribunal d'adversaires, ne sont pas des dispositions favorables et qu'il convienne d'étendre : on doit plutôt chercher à les restreindre et à rentrer dans le droit commun.

Ainsi, partout où l'administration sera intéressée, que l'administration soit juge, c'est bien assez ; le prétexte de l'utilité publique peut servir d'excuse en ce cas. Mais que l'exception s'arrête là où cesse le motif qui l'a fait introduire, et où commence une guerre d'intérêts purement privés qui ne touche que des individus.

Ainsi, et plus spécialement en matière de loterie, on comprend que toutes les fois qu'il s'agit d'une réclamation élevée contre l'administration, soit par un receveur, soit par un actionnaire, l'administration soit l'arbitre de la prétention élevée contre elle.

Mais quand il s'agit d'une demande formée contre un buraliste par un actionnaire ; quand il est question de la réparation due pour une faute, négligence ou imprudence, commise par le buraliste ; quand on réclame contre lui l'application des articles 1382 et 1383 du Code civil, l'administration est sans intérêt dans cette lutte ; la connaissance en appartient exclusivement aux tribunaux ordinaires.

C'est en ce sens et avec cette distinction qu'il faut entendre l'article 19 du fameux arrêté du directoire exécutif, que M. Garnier ramène toujours et sur lequel il a fondé son déclinatoire.

Cet article est ainsi conçu : « Toutes les difficultés qui naîtront *de la part* du receveur ou de l'actionnaire , par suite des enregistremens , lors de la recette et du paiement des lots après le tirage , seront portés par devant les administrateurs , qui en déféreront , s'il y a lieu , au ministre des finances. »

Il est évident que cet article ne parle que des difficultés qui seraient élevées *de la part* du receveur, ou *de la part* de l'actionnaire contre l'administration, et qui l'intéresseraient ; mais non pas de celles qui s'éleveraient *entre eux* , pour une réclamation toute personnelle : dans ce dernier cas , il n'y a pas de motifs pour elle de s'interposer entre les parties.

Cependant le déclinatoire du sieur Garnier a été accueilli par un jugement du 26 avril 1826, dont voici le dispositif :

« Attendu que les articles 6 et 19 de l'arrêté du gouvernement du 7 vendémiaire an VII , disposant que toutes les difficultés entre les receveurs de loterie et les actionnaires, pour cause de vices ou erreur dans l'enregistrement de la mise , devaient être portées devant les administrateurs des loteries , sauf recours au ministre des finances ;

« Attendu que dans l'espèce , les numéros portés au billet de loterie dont s'agit, ne sont pas les mêmes que ceux inscrits, et enregistrés au registre de souche , ce qui donne prétexte de contester la validité du terne échu à trois des numéros du billet ;

« Attendu que le receveur Garnier, auquel on reproche l'erreur , ne peut, comme prétendu responsable , être traduit devant les tribunaux ordinaires, au moins tant qu'il n'aura pas été administrativement statué sur la validité du terne contentieux ;

« Le tribunal adoptant le déclinatoire proposé , en conséquence renvoie la cause et les parties devant l'autorité administrative qui doit en connaître.

« Condamne la dame de Greteau aux dépens. »

Mais , remarquons d'abord que ce jugement change le texte de l'article 19 de l'arrêté de l'an VII. Cet arrêté porte : toutes difficultés *de la part* du receveur ou de l'actionnaire ; ce qui sous-entend vis-à-vis de l'administration , ou pour choses qui intéressent l'administration ; et le jugement lui fait dire « que toutes les difficultés *entre les receveurs de loterie et les actionnaires*, pour cause de vice ou erreur dans l'enregistrement, devront être portées devant l'administration de la loterie. » Cette altération du texte ne trahit-elle pas le vice de la décision?

En second lieu , les premiers juges ont élevé

une autre espèce de fin de non-recevoir, qui n'avait pas même été proposée, en disant que la demande de madame de Greteau ne pouvait être portée devant les tribunaux ordinaires, *au moins tant qu'il n'aurait pas été administrativement statué sur la validité du terne contentieux.*

Il était bien inutile de faire statuer sur ce point, puisque toutes les parties étaient d'accord qu'aux termes de la législation sur la loterie, le terne n'était point valable à l'encontre de l'administration.

En second lieu, l'administration s'était prononcée verbalement, et toutes les parties en convenaient encore.

Au surplus, et tant pour obéir à justice que pour ne laisser aucun prétexte à des fins de non-recevoir, madame de Greteau a, depuis le jugement, demandé à la loterie de statuer, *en ce qui concerne l'administration seulement,* sur la validité de son malheureux terne, *se réservant expressément tous ses droits et actions, pour les exercer devant qui de droit contre le sieur Garnier.*

Ainsi qu'on s'y attendait, l'administration a décidé que madame de Greteau n'avait pas droit au paiement de son terne, attendu la différence existante entre son billet et les souches.

Mais ce à quoi on ne s'attendait pas également, et ce qu'on ne lui avait pas soumis, ce qu'on s'était même réservé de soumettre à d'autres, l'administration décida d'office, en faveur de son buraliste, auquel elle veut assurer l'impunité d'une faute dont elle profite, que « le sieur Garnier n'ayant pas fait de recette pour son compte, ni délivré de billets autres que ceux faisant partie des registres de l'administration, et s'étant conformé aux réglemens pour la remise et le dépôt de ses souches et doubles souches, il ne peut y avoir lieu à aucunes poursuites contre lui. »

Tel est l'état du procès. Il est évident qu'il n'y a de ressource, pour madame de Greteau, que dans la justice des tribunaux. C'est devant eux qu'elle demande à porter ses réclamations contre le sieur Garnier.

Elle ne peut pas croire que la Cour rejette cette demande !

S'il en était autrement, il faudra que tous ceux qui seraient tentés de jouer à la loterie sachent qu'il ne leur suffira pas, pour gagner, de voir sortir les numéros par eux demandés, mais qu'il faudra encore, 1° qu'ils ne rencontrent pas un buraliste qui, par mauvaise foi ou par imprudence, inscrive sur les souches d'autres numéros que ceux inscrits sur les billets ; 2° et que l'administration consente à ne pas leur donner tort quand ils auront raison.

Paris, ce 19 juin 1826.

Veuve DE GRETEAU.

DUPIN jeune, *Avocat.*

SORBET, *Avoué.*

IMPRIMERIE D'AUGUSTE BARTHELEMY,
rue des Grands-Augustins, n° 10.